DESCUBRE COLOREANDO

CONOCIENDO LOS INSECTOS

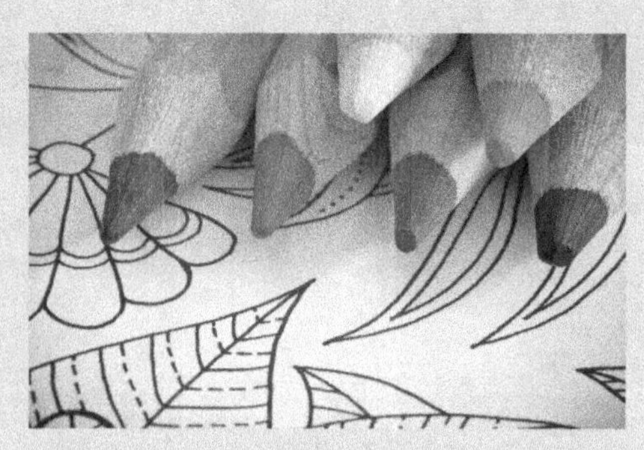

¿QUE ES
ESTO?

¿QUE ES
ESTO?

¿QUE ES
ESTO?

¿QUE ES
ESTO?

¿QUE ES
ESTO?

¿QUE ES
ESTO?

¿QUE ES
ESTO?

¿QUE ES
ESTO?

¿QUE ES
ESTO?

¿QUE ES
ESTO?

LOS INSECTOS EN FIESTA

CONOCIENDO LAS AVES

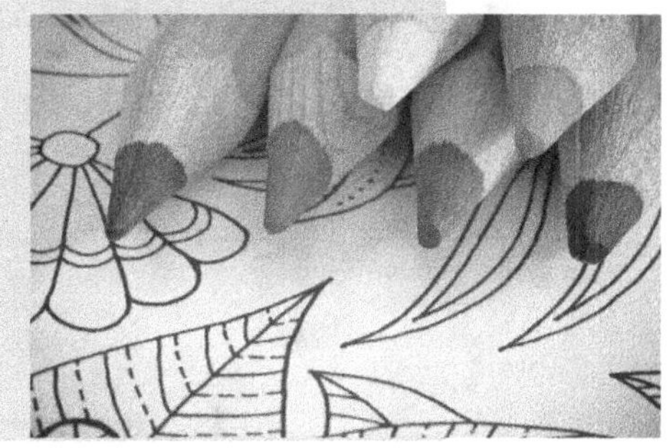

¿QUE ES
ESTO?

¿QUE ES ESTO?

¿QUE ES
ESTO?

¿QUE ES
ESTO?

¿QUE ES
ESTO?

¿QUE ES
ESTO?

¿QUE ES ESTO?

¿QUE ES
ESTO?

¿QUE ES
ESTO?

¿QUE ES
ESTO?

¿QUE ES
ESTO?

¿QUE ES
ESTO?

¿QUE ES
ESTO?

EN EL BOSQUE...

CONOCIENDO LOS REPTILES

¿QUE ES
ESTO?

¿QUE ES
ESTO?

¿QUE ES
ESTO?

¿QUE ES
ESTO?

¿QUE ES
ESTO?

¿QUE ES ESTO?

¿QUE ES
ESTO?

¿QUE ES
ESTO?

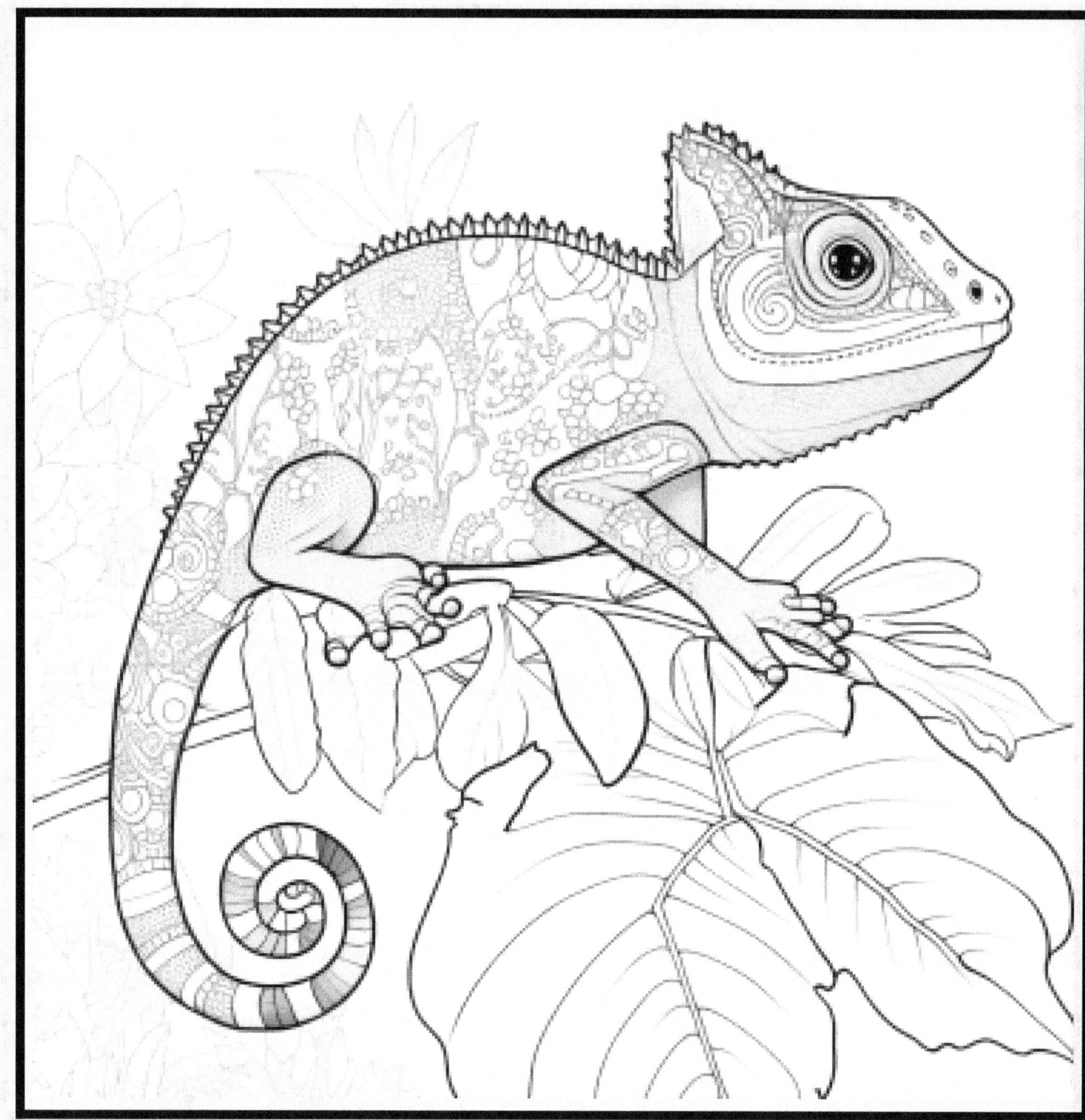

¿QUE ES
ESTO?

¿QUE ES
ESTO?

CELEBRANDO...

CONOCIENDO LOS MAMIFEROS

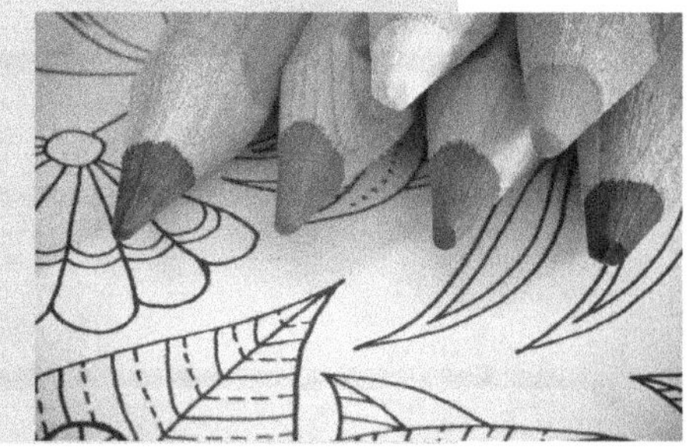

¿QUE ES
ESTO?

¿QUE ES
ESTO?

¿QUE ES
ESTO?

¿QUE ES
ESTO?

¿QUE ES ESTO?

¿QUE ES
ESTO?

¿QUE ES
ESTO?

¿QUE ES
ESTO?

¿QUE ES
ESTO?

¿QUE ES
ESTO?

¿QUE ES
ESTO?

¿QUE ES
ESTO?

¿QUE ES
ESTO?

JUGANDO...

ANIMALES FICTICIOS Y MITOLOGICOS

¿QUE ES
ESTO?

¿QUE ES
ESTO?

¿QUE ES
ESTO?

¿QUE ES
ESTO?

¿QUE ES
ESTO?

¿QUE ES ESTO?

¿QUE ES ESTO?

¿QUE ES
ESTO?

¿QUE ES
ESTO?

¿QUE ES
ESTO?

DIVERCION EXTRA

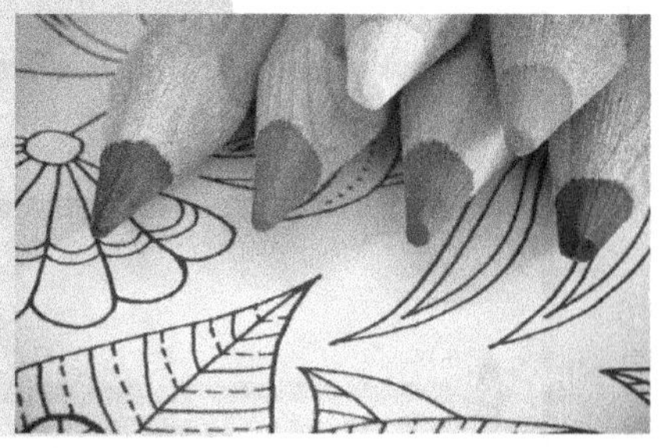

¿QUE ES ESTO?
____

____

____

¿QUE ES
ESTO?

¿QUE ES
ESTO?

¿QUE ES
ESTO?

¿QUE ES
ESTO?

¿QUE ES
ESTO?